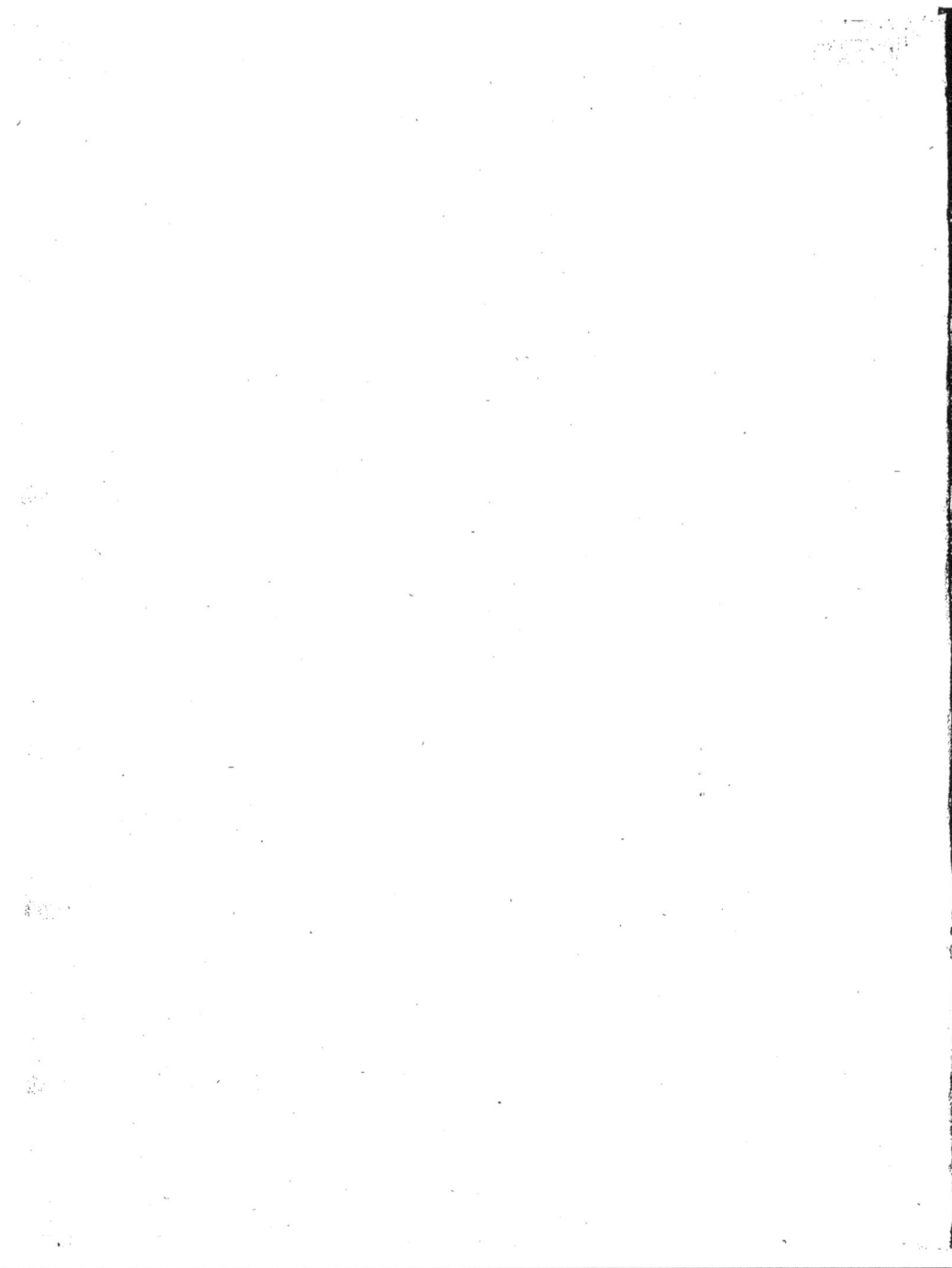

REQUESTE
AU ROY,
POUR LES COMMUNAUTÉS
de Seyssinet, Fontaine & Sassenage,
en Dauphiné ;

*Au sujet des irruptions du Lac, qui a
submergé leur Territoire, & inondé leurs
Maisons ; & des défenses qui leur ont
été faites de se réparer.*

1740.

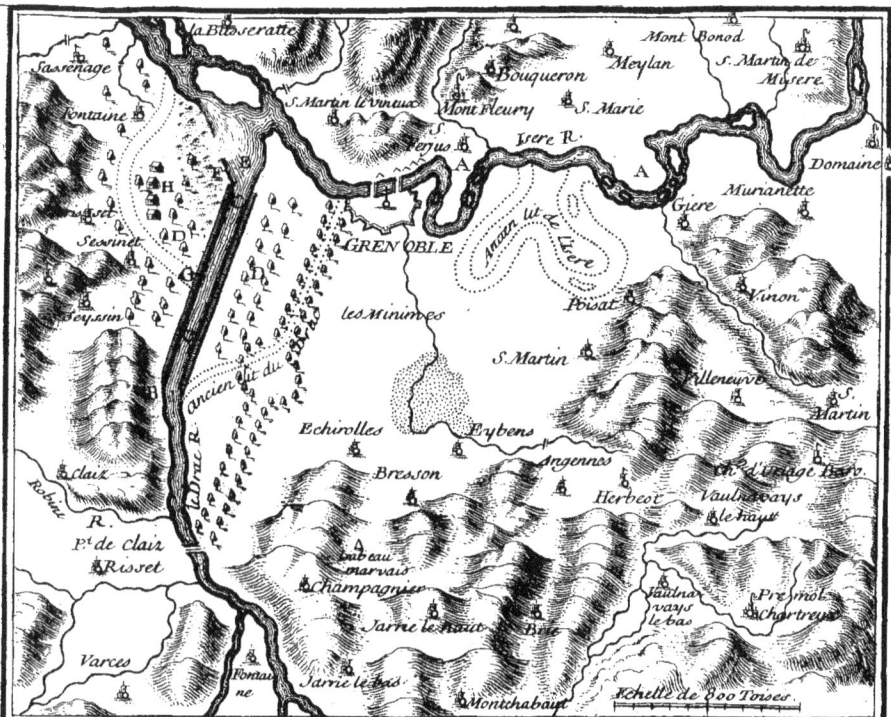

la Busseratte

Sassenage

Mont. Bonod

Bouqueron · Meylan · S. Martin de Misere

Fontaine · S. Martin le Vineux · Mont Fleury · S. Marie

Ferjus · Irere R. · Domaine

Muranette

Anscien lit de l'Isere · A · Gière

GRENOBLE

les Minimes · Poisat · Vinon

H · D · S. Martin · Villeneuve · S. Martin

Sevinet · ancien lit du Drac · le Drac R. · Echirolles · Eybens · Angennes

Seyssin · Bresson · Herbeot · Vaulnavays le haut

Eclaix · R. · P.t de Claix · Risset · Rebuie · Champagnier · Brie · Saulnavays le bas · Presmol Chartreux

Varces · Fontaine · Jarrie le haut · Montchabaut

Jarrie le bas · Echelle de 800 Toises

A. Presqu'Isle ou Sinuosités plus élevées que la ville de Grenoble, d'où procedent ses inondations dans les plus grandes crües d'eau.

B. Montagne du sault du Moine qui rejettoit le Drac sur la ville de Grenoble et où commence le Canal Jourdan fait en execution de l'arrest et de la transaction de 1493.

C. Canal du Drac apellé canal Jourdan construit en droite ligne sur le territoire des Communautés à 800 toises de celui de Grenoble.

D. Terrain de 120.T de largeur de chaque côté du canal aparten.t aux commun.tés et mis en reserve en 1698.

E. Arches en pierre revetues et recourbées détruites depuis 1737 comme rebelles et causant le reflux du Drac.

F. Nouvelles Arches en evasem.t de 55.T au lieu de 25 à travers desquelles l'eau du Drac a filtrée et a causeé la premiere inondation du Mois d'Octobre 1739.

G. Breche faite par le Drac lors de son irruption du 4 Decembre 1739 par laquelle il est sorti de son lit et continuë de couler à travers le territoire des Communautés.

H. Maisons inondées des Communautés.

SUR LA REQUESTE PRESENTE'E au Roy étant en son Conseil, par les Consuls, Syndics, Communauté & Habitans de Seyssinet, Fontaine & Sassenage en Dauphiné; CONTENANT que quoique les Supplians ayent sacrifié dans tous les tems leurs plus belles possessions à la conservation de la Ville de Grenoble, & qu'ils ayent toujours concouru & contribué par des dépenses immenses à retenir le Torrent du Drac dans son ancien lit qui a été creusé sur leur Territoire; ils sont cependant livrés depuis plusieurs années à la fureur de ce Torrent, par les intrigues de ceux qui sous prétexte de mettre à couvert la Ville de Grenoble des inondations causées par la riviere d'Isere, ont imaginé un projet aussi ruineux que peu propre à remplir cet objet; & ce qui est bien plus surprenant, c'est que malgré la rejection de ce projet, qui a été proscrit par le Conseil, les Entrepreneurs des ouvrages ordonnés par Sa Majesté pour contenir le Drac dans son ancien canal, s'en sont si mal acquittés, qu'ils ont occasionné deux irruptions de ce Torrent, lequel s'est jetté sur la fin de l'année 1739. dans les terres des Supplians, les a inondées, & a tellement submergé leurs maisons, que pendant plusieurs jours la plûpart de leurs familles ont été privées de tout secours, & même exposées à perdre la vie.

A

Ces Entrepreneurs, & ceux qui les protégent en secret, ont eu encore la dureté d'interdire aux Supplians la faculté qu'ils ont par le droit naturel, par les Loix du Royaume, & par les titres les plus authentiques, de resserrer le Drac dans son canal, en réparant les bréches qu'il a faites à la digue qui sert à les défendre des irruptions de ce Torrent.

C'est contre un attentat si odieux, & contre une vexation si criante, que les Supplians sont obligés de reclamer la justice & l'autorité de Sa Majesté pour conserver la liberté de défendre leur vie & leurs biens.

Le torrent du Drac qui couloit anciennement le long des murs de la ville de Grenoble, ayant fait craindre aux Habitans la destruction de cette Ville, ils proposerent de former à ce Torrent un canal sur le territoire des Supplians. Ce projet fut autorisé de leur consentement par un Arrêt du Parlement de Grenoble du 22 Mai 1493. à la charge néanmoins que le nouveau canal seroit construit aux frais de la ville de Grenoble; que les limites qui séparoient son terroir de celui des Supplians subsisteroient en l'état qu'elles étoient, & qu'ils seroient indemnisés par la ville de Grenoble de tous les dommages que ce changement causeroit aux Supplians; à tout quoi les Habitans de cette Ville se sont soumis par une Transaction de la même année 1493.

Dans la suite, il fut permis aux Habitans de Grenoble de lever un octroi pour fournir aux moyens de contenir le torrent du Drac dans le nouveau canal ; & le 11 Juin 1619. il fut ordonné qu'il seroit laissé un terrain de la largeur de 150 toises pour servir de lit à ce Torrent : Mais les Habitans de Grenoble ayant négligé de faire les réparations nécessaires pour défendre les Supplians contre les irruptions du Drac, ils furent obligés (après avoir fait constater en 1654. & 1662. les dommages qu'il leur avoit causés) d'avoir recours à Sa Majesté, & par Arrêt du Conseil du 20 Mai 1655. il leur fut accordé sur les fonds destinés pour la conservation de la ville de Grenoble & des lieux circonvoisins, la somme de 6000 liv. pour être employée à réparer les héritages que les Supplians possédent près du torrent du Drac.

Depuis cet Arrêt, & par ordre de Sa Majesté, il a été formé à ce Torrent un autre canal beaucoup plus avancé sur le territoire des Supplians pour conduire ses eaux au-dessous de la ville de Grenoble vers le lieu de la Buisserate.

Ce canal est soutenu par des digues en forme d'arches, dont l'une défend le territoire des Supplians ; & pour rendre plus fortes les chaussées qui sont derriere ces digues, il a été défendu par Arrêt du Conseil du 25 Mai 1698. de couper les bois & broussailles des Isles & relaissées qui se sont formées le long du canal du Drac sur leur Territoire.

Les Supplians ont depuis joui paisiblement, & de l'autorité même des sieurs Intendans de Dauphiné, du droit de faire paître leurs bestiaux dans les prez qui sont dans leurs îles, & de couper les

foins qui y croiſſent : mais en 1732. 1733. &
1736. le ſieur de Fontanieu Intendant de cette
Province, & le ſieur Jomaron Commiſſaire dé-
parti en ſon abſence, ont ſur les réquiſitions des
Inſpecteurs des Ponts & Chauſſées de leur Dépar-
tement, fait défenſes aux Supplians ſous les plus
grandes peines d'uſer d'un droit ſi légitime, pendant qu'ils ont ſouffert que les perſonnes char-
gées des réparations à faire contre le torrent du
Drac, ayent pris les foins des Supplians, & coupé
dans leurs iſles pour plus de 8000 liv. de bois outre 60000 faſcines, dont les Entrepreneurs ont
diſpoſé à leur gré, & ſans le conſentement des
Supplians, pour des réparations du côté de la
ville de Grenoble, & nullement pour celles qui
doivent ſervir à conſerver les héritages qui reſtent
aux Supplians.

Ce qui a donné lieu à ces répartitions, c'eſt
l'inondation cauſée en 1733. par la riviere d'Iſere
dans la ville de Grenoble ; & c'eſt à cette occaſion
que le ſieur Fayole Inſpecteur des Ponts & Chauſſées, & enſuite le ſieur Rolland chargé de veiller
aux réparations du Drac, ont préſenté au Conſeil un projet pour former à ce Torrent un nouveau canal plus avancé ſur le territoire des Supplians ; mais ſur les preuves qu'ils ont rapportées de
l'inutilité de ce nouveau canal, des dépenſes im-
menſes auſquelles il auroit donné lieu, & des pertes
irréparables qu'il auroit cauſées aux Supplians, ſans
aucune utilité pour le Public, ni pour la ville de Grenoble, ce projet a été rejetté par le Conſeil ; il leur

a été permis de faire tout ce qu'ils voudroient fur
la rive du Drac bordant leurs héritages, même
d'y conftruire des digues, & de couper les bois
& les foins à eux appartenans; & Sa Majefté s'eft
chargée de faire détruire à fes frais les digues
rébelles qui exiftoient en 1737. & d'en faire conftruire de nouvelles plus bas & plus éloignées du
lit du Drac.

Cette décifion, & la rejection du projet des
fieurs Fayole & Rolland, les ont fi fort irrités
contre les Supplians, qu'ils n'ont ceffé depuis de
leur nuire dans toutes les occafions; en effet, ils
ont commencé par faire détruire les anciennes
arches de pierre, & les chauffées paralelles en
fafcines, & graviers qui étoient à l'extrémité du
canal du Drac, du côté du territoire des Supplians,
& au lieu de conftruire une digue auffi folide, ils
ont fait faire fur le territoire de Fontaine autant
de nouvelles arches en évafement, en pierre, &
fans aucunes chauffées capables de les mettre à
couvert des épanchemens du Drac ; en forte
qu'ayant recourbé de cinquante-cinq toifes, au
lieu de vingt-cinq, cette nouvelle digue, elle s'eft
trouvée confidérablement racourcie, & le terrain
qui étoit couvert auparavant par l'ancienne digue,
a été auffi plus expofé à la fureur de ce Torrent.

Comme la nouvelle digue a été conftruite fur
un terrain plus bas de fix pieds que l'ancien, &
que l'on a même creufé devant les nouvelles arches un foffé de 36 pieds de largeur pour y atti-
rer les eaux du Drac; elles ont filtré à travers la

nouvelle digue ; ce qui a attiré du côté de cette digue un plus grand volume d'eau & toute l'impétuosité de ce Torrent, & a causé la premiere inondation arrivée au mois d'Octobre 1739. laquelle a été suivie d'une seconde inondation le 4 Décembre dernier, ce qui a mis le comble aux malheurs des Supplians.

Les Entrepreneurs des réparations du Drac du côté de la Ville de Grenoble, ayant pris les bois qui leur étoient néceffaires fur les montagnes de Saffenage, & les pierres dont ils ont eü befoin dans les carrieres de Seyffinet & Fontaine, ont fait plufieurs bréches aux glacis qui s'élevent à 4 pieds de hauteur fur la nouvelle digue pour faire paffer leurs voitures; & comme ils n'ont pas refermé ces bréches, le Drac étant enflé s'eft épanché par la derniere de ces bréches, a détruit & emporté 30 toifes de cette digue ; & par cette terrible irruption il s'eft fait un paffage fur les héritages des Supplians; il les a fubmergés, & inondé leurs maifons à un tel point, que la plûpart des familles des Supplians ont manqué de nourriture pendant plufieurs jours, & faute de pouvoir faire entendre leurs cris, elles ont été privées de tout fecours.

Les Entrepreneurs qui font les feuls auteurs des derniers malheurs des Supplians, & ceux qui les protegent, font demeurés fourds aux cris & aux larmes des Supplians, & infenfibles à leurs pertes; & loin d'en faire ceffer les caufes & les funeftes effets, ils fe font cruellement oppofés aux foibles efforts que les Supplians ont fait pour réparer les brêches de la digue, & faire rentrer le Drac dans son lit.

C'est dans ces circonstances, que pour interdire aux Supplians le droit d'éviter les nouvelles irruptions de ce Torrent, & la continuation des dommages qu'il leur cause journellement en se répandant dans leurs héritages & dans leurs maisons, le sieur Jomaron leur a fait signifier le 13 Janvier 1740. une Ordonnance » portant deffenses à » toutes personnes de quelque qualité & condi- » tion qu'elles soient, de travailler ni *faire tra-* » *vailler à aucunes réparations qui tendent à remettre* » *le Drac dans son ancien lit*, jusqu'à ce qu'autre- » ment il soit ordonné par Sa Majesté; le tout » à peine de 300 liv. d'amende contre chaque » contrevenant, & de prison. «

Des ordres si rigoureux, & si contraires au droit naturel, aux Loix du Royaume, aux Titres des Supplians & à l'équité, ont porté la désola- tion dans le cœur des Supplians, & ont étonné leurs voisins : car, à moins de regarder les Sup- plians comme des proscrits, il n'est pas possible de penser qu'on veuille leur interdire la défense & la conservation de leur vie & de leurs biens.

Cependant, lorsque les Supplians ont voulu faire lever ces défenses, on a suspendu une justi- ce qui leur est dûe à tant de titres, sous prétexte qu'avant qu'il leur soit permis de se réparer, ils doivent purger le Canal du Drac des graviers que ce Torrent a déposés dans son lit, à commencer de la bréche qu'il a faite à leur digue, quoique l'on foit bien inftruit que de l'aveu même du Sieur Fayole, cette dépenfe à laquelle les Suppliants ne font pas obligés, & qu'ils ne pourroient fupporter, couteroit 25000 liv.

Les Suppliants ignorent quels peuvent être les motifs qui ont déterminé à les traiter avec tant de rigueur; mais ils efperent avec confiance, que S. M. qui les a toujours protegés, recevra avec bonté leurs juftes repréfentations & leur juftification.

Les défenfes que le Sr Jomaron leur a faites de fe réparer, fous prétexte d'un ordre de S. M. annoncent aux Suppliants, que pendant qu'il leur a promis de leur être favorable dans une conjoncture fi trifte & fi déplorable, il s'eft fait autorifer en fecret à interdire aux Suppliants le droit de défendre leur vie & leurs biens, dans lequel Sa Majefté les a toujours confervés.

Un changement fi furprenant ne peut avoir d'autre objet que l'exécution du projet du nouveau Canal rejetté en 1737. par Sa Majefté, ou de repurger le Canal actuel du Drac, ou de laiffer périr les Suppliants & leur Territoire, fous prétexte de conferver la ville de Grenoble; mais foit que ces trois motifs ayent concouru à faire traiter fi rigoureufement les Suppliants, foit que leurs ennemis fecrets ayent renouvellé & porté jufqu'aux pieds du Trône de Sa Majefté les injuftes reproches qu'ils leur font fur les lieux pour autorifer leur vexation, les Suppliants font en état de
fe

se juftifier, & de démontrer qu'on veut leur perte fans néceffité, & fans aucune utilité.

A l'égard du projet du nouveau Canal, il fuffit de rappeller à Sa Majefté que ce projet qu'Elle
a condamné en 1737. comme ruineux, inutile &
même dangereux dans fon exécution, le feroit
encore plus, depuis que par les nouveaux ouvrages imaginés & dirigés par les auteurs de ce projet, ils ont caufé fucceffivement les deux irruptions du torrent du Drac, qui feront à jamais gé-
mir les Supplians & leurs familles ; c'eft une vérité
publique & notoire, perfonne ne peut la nier, il
fuffit pour la conftater de lever le plan figuratif
de l'état actuel des lieux en préfence des Parties
intéreffées.

Par rapport au repurgement de l'ancien Canal
du Drac, quoiqu'il foit auffi utile que néceffaire,
il eft certain que ce repurgement peut être fait
fans laiffer le Drac dans les héritages des Supplians ; il eft encore à propos pour faciliter le repurgement de ce Canal, d'y refferrer ce Torrent,
& de refermer les bréches de la digue qui doit défendre de fes irruptions le territoire des Supplians.

Ce Canal a 80 toifes de largeur, & pendant
huit mois de l'année les trois quarts du gravier
font à fec & à découvert ; ainfi, rien de plus fa-
cile que le repurgement de ce Canal, en jettant
les eaux du Torrent fur une partie pendant que
l'on travaillera à repurger l'autre : d'ailleurs on
ne doit pas craindre que ce Torrent coulant pendant un tems dans la partie de fon Canal qui eft du

B

côté de la ville de Grenoble, l'expose à aucune irruption, parce que les Entrepreneurs des réparations de cette Ville ont fait construire depuis deux ans du même côté 6000 toises cubes de chaussées en fascines & graviers, qu'ils ont tirés des fossés creusés exprès derrière ces chaussées, au lieu de prendre ces graviers dans le Canal du Drac; ce qui est contre les regles, & ne manifeste que trop que ceux qui dirigent les réparations du Drac, n'ont pas toujours pour objet le bien public, & qu'ils ne multiplient leurs projets & leurs ouvrages, que pour grossir & rendre leur entreprise perpétuelle.

S'il étoit possible que par l'idée de la conservation de la ville de Grenoble, les Entrepreneurs & ceux qui par intérêt ou par ignorance, adoptent tous leurs excès & tous leurs projets, fussent parvenus à faire condamner les Supplians & leur territoire à devenir pour toujours les tristes victimes de la fureur du Drac & de leur cupidité, qui est bien plus redoutable pour les Supplians, ce seroit le comble de l'injustice & de l'aveuglement: une résolution si contraire à l'équité & à l'humanité seroit même très-préjudiable à la ville de Grenoble, à la Province, à l'Etat & à Sa Majesté.

En effet, il est notoire que le Territoire des Supplians contient 2400 setterées *, dans l'étendue desquelles il y a plusieurs bâtimens considérables, des bois, des vignes, & autres terres très-fertiles en bleds, vins & en toutes sortes de fruits, qui sont absolument nécessaires pour la provision de la ville de Grenoble.

* ou arpens.

Chaque festerée de fonds bien cultivé & planté sevend ordinairement jusqu'à 1000 liv. & les autres 400 liv. ainsi la perte du Territoire des Supplians & de leurs maisons formeroit un objet de près de deux millions, sans aucune utilité pour la ville de Grenoble, puisqu'il pourroit arriver, comme dans la partie supérieure du Drac, que ce Torrent (après avoir ravagé le Territoire des Supplians) s'y formeroit toujours assez d'obstacles pour se rejetter avec plus d'impétuosité du côté de la ville de Grenoble, & y causer les irruptions & les dommages que le resserrement de ce Torrent dans son ancien Canal, est seul capable d'éviter.

Mais quoi qu'il en soit, il est certain que si la conservation de la Capitale d'une Province exige dans le cas de nécessité le sacrifice des possessions des particuliers, il faut toujours suivre les regles prescrites pour établir la nécessité de ces sacrifices; car l'on ne se porte jamais à perdre les particuliers pour sauver le public, que lorsqu'il est évident qu'il ne reste aucun autre moyen d'éviter sa perte.

Tout changement qui donne atteinte à l'état d'un Sujet de Sa Majesté, ou à celui de plusieurs Comunautés, ne se fait jamais sans appeller les Parties, & sans avoir constaté par une Enquête *de commodo & incommodo* la nécessité de ce changement. Le crime qui est puni par la proscription & la confiscation de la personne & des biens du coupable, peut seul dispenser d'un préalable si juste, & si nécessaire.

Mais il s'en faut bien que les Supplians puissent

B ij

être traités comme des proscrits, ni être sacrifiés
sans nécessité, ni utilité pour le Public, ou pour
la Ville de Grenoble, à l'envie, & au caprice de
ceux qui par un interêt sordide ont juré la perte
des Supplians; leur condescendance au changement du cours du Drac, la facilité avec laquelle
ils ont consenti dans le xve. siécle à former à ce
Torrent un canal sur leur Territoire, toutes les
dépenses qu'ils ont faites depuis pour contenir ce
Torrent dans son canal, tous les dommages, &
toutes les pertes que ce changement leur a causé,
n'ont pû certainement acquerir à la Ville de Grenoble, ni aux Entrepreneurs de ses réparations, la
faculté de dépouiller les Supplians de ce qui leur
reste, ni leur interdire le droit de défendre leur
vie & leurs biens, en fermant les bréches de
leur digue pour faire rentrer & contenir le Drac
dans son canal; car la défense, & la conservation
de soi-même, & de ce qui nous appartient, sont
du Droit naturel, les Loix du Royaume, le bon
ordre, & l'équité, ne permettent pas de donner
atteinte à un droit si légitime ; les anciens Traités
faits avec la Ville de Grenoble, & les Arrêts ren-
dus en conséquence, sont autant de barrieres res-
pectables qui résistent à cette injustice.

Si pour faire interdire aux Supplians un droit
si incontestable, on a eu l'artifice de supposer
que Sa Majesté ayant rendu aux Supplians la jouis-
sance de leurs isles, ils devoient se réparer, pour
éviter l'irruption qui a jetté le Drac sur leur Territoire ; les Supplians sont en état de prouver que

par le fait des Entrepreneurs & de ceux qui les
protégent, il a été impossible aux Supplians de
recueillir le fruit de la justice que Sa Majesté leur
a rendue en 1737. car les Entrepreneurs avoient
pris 60000 fascines, & pour 8000 livres d'autres
bois, dans les isles des Supplians, ils en retiennent
encore 370 sesterées du côté de la Ville de Grenoble; ils ont même pris dans leurs carrieres toutes les pierres qu'ils ont voulu, sans en payer la
valeur, & sans faire aucune réparation à leur
digue; ils ont fait des bréches aux glacis qui la
couvrent, pour passer leurs voitures, & ne les
ont point fermées; c'est par toutes ces voyes de
fait que les Entrepreneurs ont mis les Supplians
hors d'état de se réparer, & qu'ils ont donné lieu
aux dernieres irruptions du Drac, qui font le
sujet des gémissemens, des plaintes, & des justes
représentations des Supplians.

Enfin, l'oppression sous laquelle les Supplians
gémissent est d'autant plus injuste & plus sensible,
qu'ils voient tous les jours rendre aux Riverains
de l'Isere la justice qui leur est impitoyablement
refusée; on paye à ces Riverains les bois &
autres choses que les Entrepreneurs des réparations de cette Riviere prennent dans leurs isles
& autres héritages; ce n'est même qu'à cette con-
dition qu'il leur a été permis de se servir des bois
& fascines qui font dans ces isles; au lieu que sans
égard pour les droits des Supplians, malgré leurs
plaintes, & au mépris des preuves de l'enléve-
ment de leurs foins & de leurs bois, dont il a été

dépofé des Procès verbaux au Greffe de l'Intendance de Grenoble, on a fouffert que ces Entrepreneurs ayent enlevé impunément ce qui a
échappé des ifles des Supplians aux différentes
irruptions du Drac : on a ajoute à cette injuftice
inconnue parmi les peuples les plus barbares,
celle de les empêcher de fe réparer, même à leurs
frais, en faifant rentrer & en retenant dans fon
canal ce Torrent, qui dans la premiere fonte des
neiges qui couvrent les montagnes renverferoit
infailliblement leurs maifons, emporteroit tota-
lement leur Territoire, ruineroit entierement les
Supplians, & les feroit périr avec leurs familles;
fi Sa Majefté n'a la bonté de jetter fur eux un re-
gard favorable, & de leur permettre de fermer
inceffamment & avant le mois de Mars prochain
les bréches par lefquelles le Drac s'eft répandu
dans leurs héritages fur la fin de l'année 1739.

A CES CAUSES, les Supplians requeroient
qu'il plût à SA MAJESTE recevoir leurs
très-humbles & très-refpectueufes réprésenta-
tions contre les ordres en vertu defquels le fieur
Jomaron par fon Ordonnance du 13 Janvier
1740. leur a fait défenfes de travailler ni faire
travailler à aucunes réparations qui tendent à
remettre le Drac dans fon ancien lit, à peine
de trois cens livres d'amende & de prifon; & fans
avoir égard à cette Ordonnance, laquelle fera
révoquée, lever & ôter lefdites défenfes : Ce faifant, permettre aux Supplians de fermer les bréches de leur digue, & de faire les autres ouvrages

& réparations néceffaires pour faire rentrer &
contenir le torrent du Drac dans fon ancien canal ; faire deffenfes aux Entrepreneurs des ouvrages & réparations de ce Torrent, à leurs Ouvriers
& Prépofez, de troubler les Supplians & leurs Ouvriers dans les conftructions & réparations qui
feront jugées néceffaires pour les défendre contre
les irruptions de ce Torrent, ni de faire à l'avenir
d'autres brèches, ouvertures ou paffages fur leur
digue & fur leurs héritages, que ceux qui feront
marqués & indiqués en préfence & du confente-
ment des Supplians, par tel Commiffaire qu'il plaira
à Sa Majefté de nommer à cet effet : Leur faire pareilles défenfes de prendre aucunes pierres dans
leurs carrieres, ni aucunes fafcines & autres bois
dans leurs ifles & autres héritages, qu'en vertu
des Ordonnances du même Commiffaire, & après
qu'il en aura conftaté le nombre & la valeur par
des Procès verbaux dreffés en préfence des Supplians ; le tout à peine de 10000 l. d'amende, & de
tous dépens, dommages & intérêts ; & pour conftater comment, de quelle longueur, & aux frais de
qui doit être fait le repurgement du canal du Drac,
enfemble les autres ouvrages & réparations qui
feront jugées néceffaires pour contenir ce Torrent
dans fon lit, & éviter fes irruptions, tant du côté
de la Ville de Grenoble que du côté du territoire
des Supplians ; ordonner qu'en préfence du même
Commiffaire, & par tels Ingenieurs de la Genera-
lité de Grenoble, autres toutefois que les Srs Fayole
& Roland & ceux qui font intéreffés dans l'entre-

prise des ouvrages & réparations du Drac, & qui
feront nommés & choifis, tant par les Supplians,
que par les Procureurs de Sa Majefté au Bureau des
Finances & en l'Hôtel de ville de Grenoble ; finon,
pris d'office par ledit Commiffaire, il fera inceffamment procédé en préfence des Supplians, des Entrepreneurs defdits ouvrages, defdits Procureurs de
Sa Majefté , & autres Parties intereffées, à la vifite
du canal du Drac, de fes digues & chauffées dont
lefdits Ingenieurs feront tenus de lever un Plan figuratif, enfemble à l'état, devis & eftimation des
ouvrages, travaux, & réparations qui feront jugés
néceffaires, tant pour le repurgement dudit canal,
confervation defdites digues & chauffées , que
pour le changement d'icelui, & la conftruction
d'un nouveau canal, fi elle eft jugée plus utile, de
même qu'à l'eftimation des dommages caufés aux
Supplians par les deux dernieres irruptions du
Drac, lors defquelles vifites, devis & eftimations
les Supplians & autres Parties intereffées pour-
ront faire tels dires, requifitions, indications,
obfervations qu'ils aviferont ; de tout quoi fera
par ledit Sieur Commiffaire dreffé Procès verbal,
pour icelui rapporté avec fon avis, être fur le tout,
enfemble fur les demandes en indemnité que les
Supplians fe réfervent de former, ftatué par Sa
Majefté, ainfi qu'il appartiendra : Ordonner en
outre, que l'Arrêt qui interviendra fera exécuté
nonobftant oppofitions , ou autres empêchemens
quelconques. Vû lad. Requête. Signée, GIRODAT
Avocat des Supplians. Vû auffi l'Arrêt du Con-
feil

feil du 20 May 1665. par lequel il a été accordé
aux Supplians la fomme de 6000 liv. pour être
employée à réparer leurs héritages : Copie d'une
Ordonnance renduë le 21 Janvier 1708. par le
fieur d'Angervilliers, lors Intendant en Dauphiné,
portant défenfes à ceux qui ne font Proprietaires
des ifles du Drac, d'y mener paître leurs beftiaux :
Copie d'une Ordonnance du fieur de Fontanieu
du 7 Septembre 1726. qui défend aux Proprietaires des ifles & réferves du Drac, de les défri-
cher & d'y couper aucuns bois & foins : Copie
d'un Procès verbal du 18 Août 1732. dépofé au
Greffe de l'Intendance de Grenoble, contenant
que le Fermier de l'Entrepreneur des réparations
du Drac a enlevé dans lefdites ifles du côté de
Seiffins, Seyffinet & Fontaine, des foins, & ledit
Entrepreneur, quantité de bois qu'il faifoit vendre
en la Ville de Grenoble : Autre Ordonnance dudit fieur de Fontanieu du 6 Juin 1733. portant
pareilles défenfes : Autre Ordonnance du 26
May 1736. du fieur Jomaron, portant pareilles
défenfes, même de mener paître aucuns beftiaux
dans lefdites réferves : Autre Ordonnance dudit
fieur Jomaron du 12 Septembre fuivant, portant
que la précédente fera executée : Copie de deux
Ordonnances du fieur Jomaron du 28 Janvier &
14 Février 1736. par lefquelles il a été fait défenfes aux Proprietaires des ifles de la riviere d'Ifere,
d'y couper fans permiffion aucuns bois ou fafcines
à 120 toifes le long de ladite Riviere de l'un à

l'autre bord, & néanmoins il leur a été permis de vendre lefdits bois & fafcines aux Entrepreneurs des réparations de ladite Riviere, & eux chargés de les payer de gré à gré fuivant le prix ordinaire, ou fuivant le prix qui feroit réglé par ledit fieur Jomaron : Autre Ordonnance dudit fieur Jomaron du 13 Janvier 1740. fignifiée aux Supplians, & portant défenfes de travailler ou faire travailler à des réparations *qui tendent à remettre le Torrent du Drac dans fon ancien lit, à peine de 300. liv. d'amende & de prifon* ; & autres pieces jointes à ladite Requête.

Me GIRODAT, Avocat.

De l'Imprimerie de CHARLES OSMONT, rue S. Jacques, à l'Olivier. 1740.

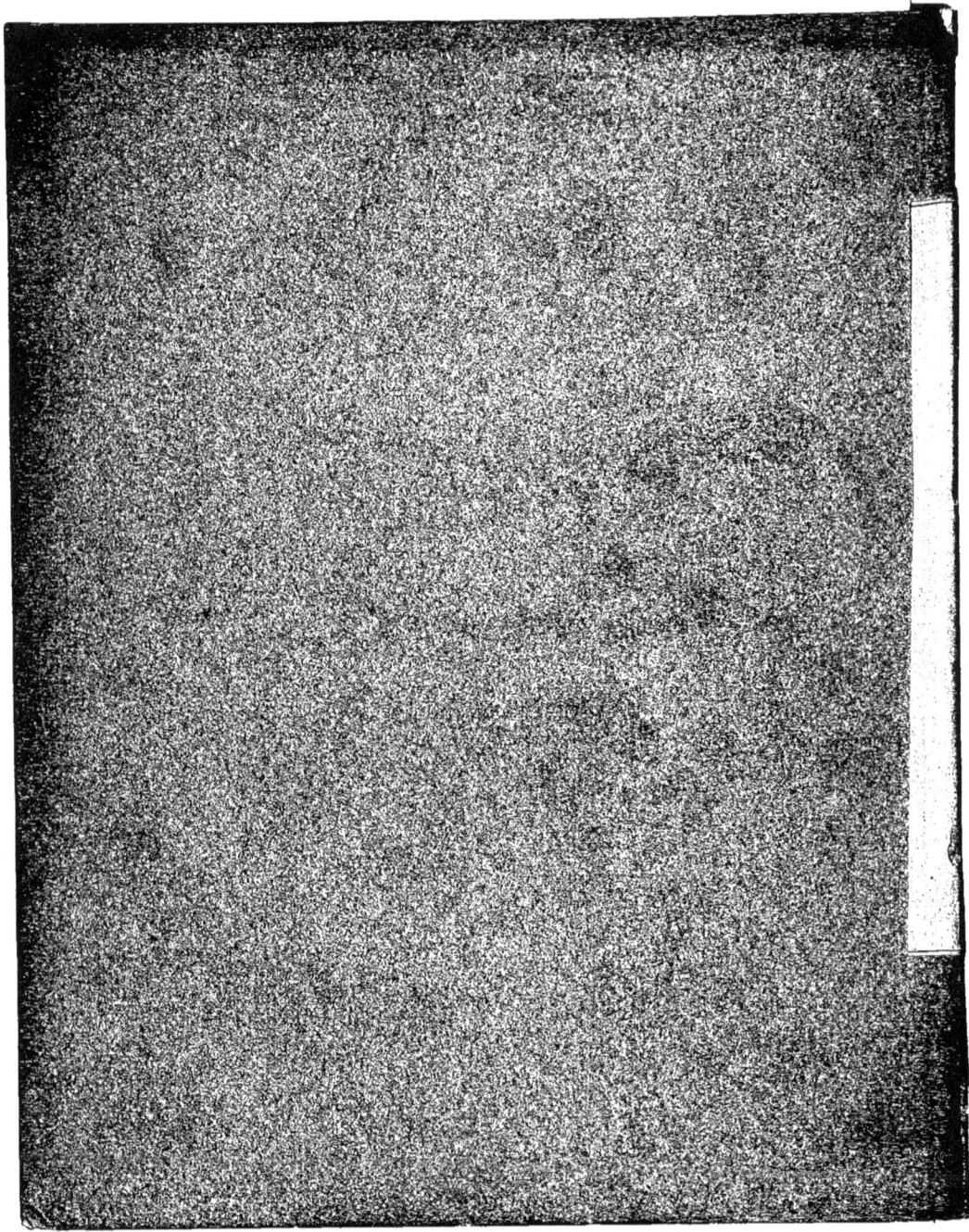

www.ingramcontent.com/pod-product-compliance
Lightning Source LLC
Chambersburg PA
CBHW060821280326
41934CB00010B/2758